JENNA BLOSSOMS

Illustré par Clémentine Rocheron

L'ORACLE *à* HAUTE *Vibration*

ÉDITIONS
EXERGUE
27, rue des Grands-Augustins
75006 Paris

De la même auteure :
Trouvez et réalisez votre mission de vie !,
Éditions Exergue, coll. « Ésopratique », 2018.
Changez de vibration, changez de vie !,
Éditions Exergue, coll. « Ésopratique », 2020.
Le Petit Oracle de la mission de vie, coffret,
Éditions Contre-Dires, 2020.

Illustré par Clémentine Rocheron.

ISBN : 978-2-36188-389-8

www.editions-tredaniel.com
info@guytredaniel.fr
www.facebook.com/editions.tredaniel
@editions_exergue

SOMMAIRE

* INTRODUCTION

Tu viens d'ouvrir *L'Oracle à haute vibration*. Ton âme est prête à s'élever et à manifester plus de lumière dans ta vie. Tu es sur un chemin de prise de conscience, de transformation et d'ascension.

L'Univers est vibration. Toi, moi, ce livre que tu tiens entre tes mains, l'air que tu respires, mais aussi les lieux que tu visites, les mots que tu prononces, les actions que tu fais, tes pensées, tes émotions. Tu es tel un soleil qui ne demande qu'à briller, tu émets un rayonnement en permanence. Tu peux le visualiser comme une bulle de lumière plus ou moins forte qui t'entoure. Lorsque tu es bien et que tu vibres haut, ta bulle scintille comme une étoile et alors tu peux manifester ce que tu désires dans ta vie, opérer un processus de guérison de ton être, ouvrir pleinement ton intuition et développer ton magnétisme. Au contraire, lorsque tu ne te sens pas à ta place ou que tu te forces à aller dans une direction qui n'est pas la tienne pendant trop longtemps, tu puises dans ton énergie vitale et fais baisser ta vibration. Tu as aussi l'impression d'avancer à contre-courant de la vie.

Lorsque tu prends soin de ta vibration, ta vie devient plus alignée et plus fluide, comme par magie. Tu attires à toi des expériences plus agréables, des opportunités qui font chanter ton cœur, des personnes qui sont sur la même longueur d'onde que toi. Tu réveilles ta puissance créatrice, tu reçois facilement les messages de ton intuition et les appels de ton âme. Lorsqu'un défi ou une épreuve surviennent dans ta vie, tu es capable de les traverser avec foi et lâcher-prise. Vivre une vie à haute vibration, c'est vivre en connexion avec l'Univers et avec la guidance que tu reçois en permanence.

Entrer en contact avec sa vibration, c'est donc savoir ce qui te nourrit et t'anime. C'est également ressentir si une situation te correspond ou non et agir en accord avec ce ressenti. Trop souvent, on met sur le côté ce que nous indique notre ressenti au profit de ce que nous dicte notre mental : pour bien faire, se rassurer, ne pas gêner, etc. En démarrant cette aventure vibratoire, tu poses l'intention de respecter et de donner davantage d'importance à ce que te souffle ton ressenti. Et je te garantis que c'est pour le meilleur !

Il y a diverses façons d'augmenter la vibration de sa vie. Cet oracle t'en offre de nombreuses et te permet d'obtenir une guidance lorsque le besoin s'en fait sentir.

Comment sais-tu que tu vibres haut ? Lorsque tu te sens rempli d'amour et de paix, que tu te sens en harmonie avec une personne, une situation, un travail, un lieu ou ta vie tout entière.

Pour mieux comprendre la vibration, apprendre à élever son taux vibratoire et manifester une vie plus alignée, je t'invite à lire le livre annexe *Changez de vibration, changez de vie !* aux Éditions Exergue.

COMPRENDRE *l'oracle*

Cet oracle te communiquera des messages à haute vibration qui résonneront en toi et t'aideront à y voir plus clair, à transcender les difficultés et à être guidé en toute circonstance. Il t'offre aussi des rituels à faire dans la matière, des mantras à réciter et des questions à te poser. C'est un outil qui ouvrira les portes de ton intuition.

Cet oracle a été conçu avec 10 cartes majeures représentant de grandes énergies de la vie. Lorsque tu tires l'une de ces cartes, l'Univers t'invite à mettre cette énergie dans ta vie et à faire le point sur une situation que tu traverses actuellement. Ce sont également de très bonnes cartes pour développer ton intuition et recevoir le message personnel lié à l'énergie en question. Enfin, ce sont des cartes puissantes que tu peux garder près de toi quand tu en as besoin (en mettre une sur ta table de nuit, par exemple). Tu peux méditer avec le mantra proposé.

Les 34 autres cartes sont des guidances lumineuses concrètes que tu peux appliquer dès maintenant. Elles t'éclairent sur ta question de façon explicite. En lisant les différents sens de la carte, certains mots ou expressions résonneront plus que d'autres. Ce sont les guidances que ton âme reconnaît comme pertinentes. Chaque carte te propose en plus un rituel concret à accomplir. Ce rituel t'offre une clé pour commencer immédiatement à ancrer le message de la carte et à élever ta vibration.

À mesure que tu utilises cet oracle, amuse-toi à développer ton ressenti vibratoire. Qu'est-ce que cela veut dire ? Ressens l'énergie de chaque carte et de chaque message à l'intérieur de toi. Est-ce que tu sens un subtil élan de vitalité en même temps que tu tires une carte ? Reçois-tu une vision ou un mot ? Captes-tu un blocage ou une émotion dans ton corps au moment où tu poses la question ? Cela te donne-t-il une idée ?

Rappelle-toi que l'oracle est un outil pour t'aider dans ta reconnexion à toi et à tes pouvoirs. Ce n'est pas l'oracle qui contient les réponses, il est un miroir des réponses que tu possèdes déjà en ton âme.

COMMENT *utiliser l'oracle* ?

Étape 1 : Nettoyer les cartes

Commence par procéder à un nettoyage de l´oracle en posant ta main au-dessus du paquet et en visualisant que de la lumière purifie l'énergie du paquet. Ainsi, tu t'assures d'avoir un oracle « propre » énergétiquement et de recevoir les bons messages. Fais-le chaque fois que quelqu'un d'autre a touché tes cartes ou que tu as fait un tirage pour quelqu'un d'autre. Si c'est la première fois que tu utilises tes cartes, touche-les ensuite une par une pour diffuser ton énergie dans l´oracle.

Tu peux aussi réciter cette prière pour bénir ton oracle :
Chers Guides, chers Anges Gardiens,
Je demande que cet oracle de cartes soit *béni,*
Je demande que cet oracle de cartes m'*apporte*
les réponses à mes questions,
Que cet oracle soit un outil guidé par la lumière,

Que tous les messages que je dois recevoir pour moi et mes proches me soient apportés par cet oracle,
Qu'il en soit ainsi. Merci.

Étape 2 : Poser une question

Pose une question précise, ouverte, et concentre-toi dessus. Il suffit que la question soit claire et formulée de façon positive (éviter les négations). Si le tirage est destiné à quelqu'un d'autre, répète sa question intérieurement pour bien l'ancrer en toi.

Voici quelques exemples de tirages :

À 1 carte :

Quel message dois-je savoir sur ma journée/semaine ?

Quel message dois-je savoir pour cette situation ?

Quel conseil dois-je recevoir concernant cette difficulté dans ma vie ?

Quel message voulez-vous me donner concernant cette personne ?

Comment améliorer ma vie amoureuse/ma vie professionnelle/ma santé/ma situation financière ?

Quel blocage m'empêche d'améliorer ma vie amoureuse/ma vie professionnelle/ma santé/ma situation financière ?

À 3 cartes :

Pour une situation précise, demande à avoir un éclairage sur :

1 - Passé
2 - Présent
3 - Futur

1 - Présent
2 - Futur proche
3 - Futur plus lointain

1 - Blocages
2 - Conseils
3 - Prochaine étape

1 - Avantages
2 - Inconvénients
3 - Conseil

Étape 3 : Mélanger et tirer les cartes

Mélange les cartes avec ta question bien ancrée en toi (tu peux même la répéter intérieurement) et utilise ta façon préférée de tirer les cartes. Personnellement, j'aime mélanger jusqu'à ce qu'une carte semble vouloir sortir du paquet. Tu peux aussi les étaler devant toi après les avoir mélangées et tirer celle qui t'attire le plus. Ou encore mélanger jusqu'à ce que tu sentes que c'est le moment d'arrêter et prendre la carte du dessus de paquet. Lorsque tu mélanges, il se peut que tu ressentes déjà des intuitions, des sensations, ou que tu commences à recevoir un message qui t'aidera à comprendre la carte que tu tireras.

Étape 4 : Interpréter le tirage

Lorsque tu retournes ta carte, accueille tous les messages et idées qui te viennent en regardant l'image et en lisant le texte. Un mot peut ressortir plus qu'un autre, ou encore un symbole ou une impression générale. Je t'invite à accueillir plus qu'à essayer de trouver le message. Il se peut que tu aies en plus des visions, des ressentis corporels ou un message par clairaudience qui viennent. Sinon, cela viendra avec la pratique ! Pour un message plus approfondi et pour connaître le sens de la carte, le rituel ou le mantra, réfère-toi à ce livre. Je t'invite aussi à écrire les ressentis importants que tu peux avoir. C'est toujours intéressant de s'y référer plus tard et de voir le résultat du tirage avec un peu de recul !

Retrouve une formation complète pour apprendre à utiliser l'oracle et découvrir de nombreux tirages sur www.jennablossoms.com

LES CARTES *majeures*

L'amour

Message : Tu as tiré la carte de l'amour, carte de la plus pure et divine des vibrations. Merveilleux message de l'Univers qui vient te dire à quel point tu es entouré d'amour à chaque instant. Baigne-toi sans crainte dans cette énergie : tu es aimé par la vie jusque dans chacun de tes atomes. L'amour de la Source te portera à réaliser tout ce que tu souhaites et dissoudre tout ce qui te freine. C'est un message d'espérance et de foi ! Toi-même, tu es le porteur de cette vibration. C'est pourquoi, par ce message, l'Univers t'invite également à diffuser l'amour à travers tes pensées, tes mots, tes actes et relations. Deviens l'ambassadeur de l'amour. C'est la vibration créatrice universelle.

Question : En quoi puis-je mettre l'amour au cœur de ma vie ?

Mantra : Je vibre l'amour pour créer l'amour.

La douceur

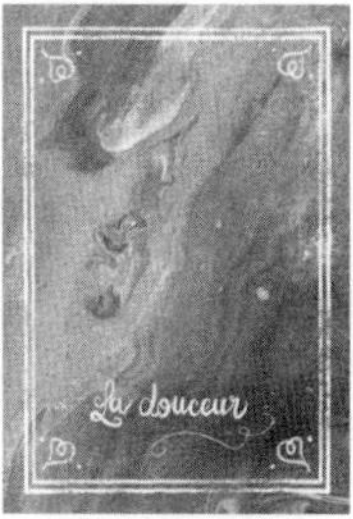

Message : Tu es un être sensible et tu as besoin de douceur, de considération, de compréhension. Cela peut prendre plusieurs formes : un peu de temps que tu t'octroies, des mots doux envers toi-même, des pensées d'amour et de bienveillance... Ne sois pas si exigeant envers toi-même et les autres, cela te prend beaucoup d'énergie.

C'est ta part féminine que tu honores lorsque tu te connectes à cette vibration. Le message de cette carte t'invite à transformer tes pensées et actions afin qu'elles reflètent tout l'amour que tu as pour toi-même et le monde, ainsi que ta compassion et ta considération. La douceur ne signifie pas être mièvre ou vulnérable. C'est un cadeau que tu offres à la Terre et à toi-même.

Question : En quoi ai-je besoin de douceur et de compassion actuellement ?

Mantra : Je suis d'une douceur infinie envers moi-même et le monde.

L'équilibre

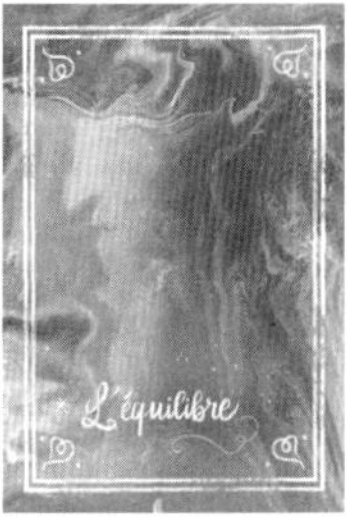

Message : Retrouve ton équilibre intérieur. Ce que Bouddha appelait la « voie du milieu » est la clé de l'épanouissement. Lorsque la balance se perd, les énergies ne sont plus fluides : il y en a trop ou pas assez, et cela peut engendrer des blocages, de la fatigue et de la résistance. Lorsque tu dis souvent « trop » ou « pas assez » à propos de quelque chose, tu peux y voir les signaux qu'il y a là un déséquilibre. Connecte-toi à ta guidance intérieure pour savoir comment tu peux harmoniser la situation pour le mieux, puis réjouis-toi de retrouver la paix que t'apportera ce changement. L'équilibre n'est pas morose, il est paisible.

Question : Qu'ai-je besoin de rééquilibrer dans ma vie actuellement ?

Mantra : Ma vie (ou une situation particulière) est parfaitement équilibrée et fluide.

La foi

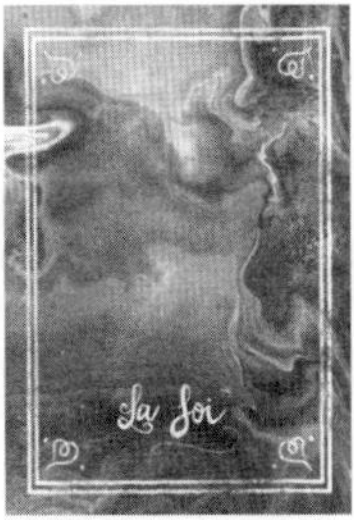

Message : Aie foi. Sois tranquille, dans ta foi en le Divin et en la vie, tu n'es jamais seul. Tu sais qu'il y a une raison à toute chose et que tout est juste selon l'ordre universel des choses. Même lorsque tu n'y crois plus, que tu penses que tout est perdu, que tu crois être dans le noir, rappelle-toi qu'il y a en toi une flamme qui brûle : celle de ta foi. Cultive cette foi chaque jour. Elle te guidera à transformer toute situation sombre en lumière, à libérer tous les poids, à dépasser toutes les épreuves. Elle sera aussi ton chemin pour vivre dans la joie et l'amour, pour manifester des réalités qui te semblent impossibles. Avec la foi, tout est réalisable.

Question : En quoi ai-je besoin d'avoir foi actuellement dans ma vie ?

Mantra : J'ai foi en la vie et en sa justesse.

La force

Message : La véritable force est celle qui ne lutte pas ni ne résiste. C'est la puissance qui est en toi et qui te permet de transcender chaque épreuve, mais aussi d'incarner ta lumière avec confiance pendant cette vie. Tu as le droit de t'affirmer ainsi que ce en quoi tu crois. Tu as bien plus de force en toi que tu ne l'imagines et tu peux tout surmonter.

Cette carte t'invite à réaliser ta grandeur, ton importance et ta force intérieure. Tu as manifesté dans ta vie actuelle une situation qui te permet d'expérimenter ta force. N'aie pas peur de cette puissance. Elle est en toi pour te servir et servir les autres autour de toi, même si tu n'en as pas encore conscience.

Question : En quoi mériterais-je d'affirmer ma grandeur ?

Mantra : Ma force intérieure est illimitée et est au service de mon âme.

L'intuition

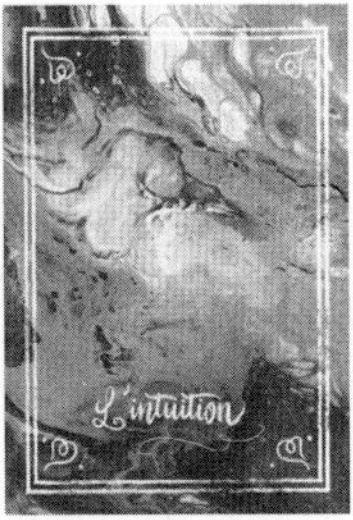

Message : Cette carte est dans ton tirage pour te recentrer sur ce qui résonne juste en toi. Elle vient te dire : « Ne pense plus. Ne cherche plus. Ressens. » Voilà comment s'exprime ton intuition : lorsque quelque chose s'ouvre et vibre en toi, de façon naturelle, dans ton silence intérieur. Fais ce grand saut dans le vide et ose avoir foi en ton intuition. Réveille ce don sacré qui te permet d'être en permanence connecté au Divin, à ta guidance et aux informations dont tu as besoin. Tu es capable de recevoir bien plus que ce que tu imagines. Ouvre et accueille. Les réponses sont en toi.

Question : Qu'est-ce que je ressens intuitivement au plus profond de moi ?

Mantra : Je reçois la guidance permanente de mon intuition divine.

La libération

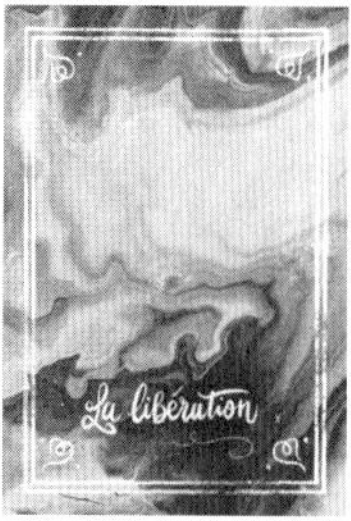

Message : Un processus de libération est en cours dans ta vie. Ton âme aspire à entrer dans une nouvelle phase et, pour cela, tu as besoin de laisser derrière toi ce qui ne résonne plus. C'est un moment de nettoyage, propice pour examiner ce que tu n'as plus besoin de porter ou de continuer. Les libérations sont des célébrations de la vie. Si ton mental croit perdre quelque chose, tu gagnes en réalité l'espace pour accueillir une nouvelle vibration. La gratitude t'aidera à vivre au mieux cette libération. Ensuite, concentre ton énergie sur ce que ton âme désire vraiment.

Question : De quoi suis-je guidé à me libérer ?

Mantra : Je me libère de tout ce qui n'est pas aligné avec ma plus haute vibration.

La paix

Message : Sois en paix et ressens-la du plus profond de tes cellules. Tout est parfait, tout est juste. Ouvre-toi à cette vibration puissante et divine qui unifie tout. La vibration de la paix te libère de toute tension et résistance. Elle te recentre au cœur du flot ininterrompu de la vie. Plus d'inquiétude ni de blocage en toi, uniquement la sérénité de ressentir la justesse de l'Univers tout entier.

Cultive cette paix en ton cœur afin de passer à la vibration supérieure. Ne laisse pas ton mental te retenir en arrière en te faisant ressasser et résister. Choisis la paix intérieure pour servir le monde.

Question : Dans quelle situation puis-je cultiver davantage de paix pour mon bien et celui de tous ?

Mantra : Je suis la paix qui rayonne dans le monde.

La passion

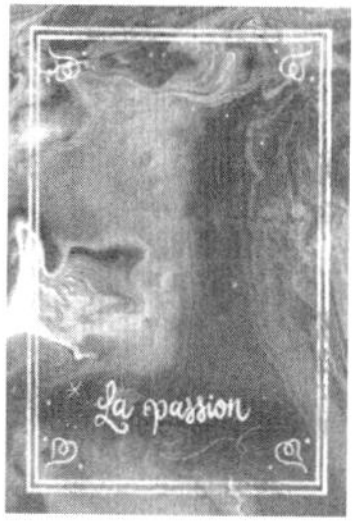

Message : Le feu de la passion brûle en toi. Il y a de l'énergie qui bouillonne dans ton troisième chakra, celui qui te donne l'énergie, la motivation et la joie de créer et d'avancer. Cette passion a besoin d'être exprimée d'une façon qui t'est propre. C'est le bon moment pour te (re)lancer dans un projet, une activité créative ou manuelle.

Laisse-toi porter par cette vibration puissante et créatrice. Elle t'emmènera exactement au bon endroit, et ton âme le sait au plus profond d'elle-même. La passion est également une vibration qui réduit les obstacles et situations problématiques en fumée. C'est une énergie de feu, donc reste bien connecté à ta guidance intérieure pour ne pas « tout brûler ».

Question : Comment exprimer le feu de ma passion actuellement ?

Mantra : Connecté au feu de ma passion, je peux tout créer.

La transformation

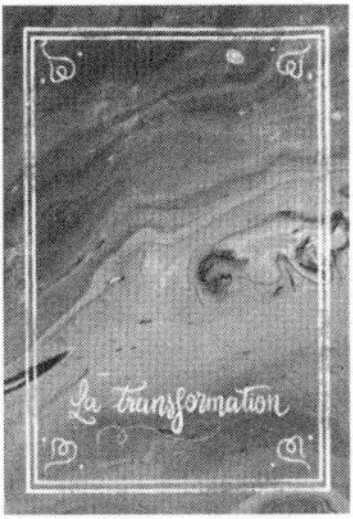

Message : Comme le papillon qui sort de sa chrysalide, tu es dans une période de transformation. Quand ta vibration change, ta vie change. Quelle vibration souhaites-tu rayonner ? Une fois que tu as ajusté la fréquence à laquelle tu souhaites t'accorder, la vie te répond par de nouvelles expériences, opportunités et rencontres. Laisse derrière toi les fonctionnements du passé qui ne correspondent plus à ce que tu désires incarner et embrasse pleinement ta nouvelle énergie. Tu passes actuellement un palier important dans un ou plusieurs domaines de ta vie, alors réjouis-toi ! C'est une célébration qui rend ta vie plus libre et lumineuse.

Question : Quelle transformation suis-je appelé à mettre en place pour briller davantage dans ma vie ?

Mantra : Je me transforme en la version la plus lumineuse de moi-même.

LES CARTES *mineures*

Besoin de nouveauté

Message : Aucune âme ne peut s'épanouir quand elle stagne. Tu as donc besoin de changements pour continuer à te nourrir et à grandir. Repousse les frontières du connu et bouscule ta routine. Ose mettre de la nouveauté dans ta vie. Réinvente-toi toujours. La vie est pleine de surprises pour qui sait les recevoir ! Il y a de toute évidence dans ta vie quelque chose qui doit changer. N'attends pas plus longtemps. Tu ne le sais pas encore, mais de merveilleux cadeaux t'attendent !

Rituel : Demande-toi quel aspect de ta vie a besoin de nouveauté en ce moment. Puis ferme les yeux et respire pendant plusieurs minutes en répétant intérieurement le mantra suivant : « J'accueille la nouveauté dans (domaine de ta vie). » Et ressens ta joie intérieure grandir !

Sens : Une nouvelle inattendue ; envisager une issue différente ; casser les codes ; changer ses attentes ; cadeaux de la vie ; se mettre en mouvement ; aller au-delà de sa zone de confort.

Change de regard

Message : Tu vois les choses sous un seul angle et cela conditionne toute ta perception de la situation. Tu n'as pas toutes les informations et tu ne peux pas encore comprendre les choses dans leur globalité. Prends du recul et change de regard. La vérité est tout autre au-delà des apparences. Ton intuition, plus subtile, te permettra d'atteindre le véritable sens et de prendre le bon chemin. Aie un peu de patience si nécessaire. Tu es en train d'apprendre à te libérer du jugement basé sur ce que tu vois, pour mieux capter selon ce que tu ressens. Par ce message, on t'invite également à voir le positif et les apprentissages en chaque chose. Cela signifie que ta vision doit s'élargir encore davantage. Ose voir grand pour toi et ose t'attendre au meilleur. Regarde vers le ciel et non plus vers la terre. Selon la façon font tu choisis de voir la vie, la vie te répond et se forme.

Rituel : Connecte-toi au petit Bouddha qui vit en toi et qui possède une grande sagesse. Il est dans une paix profonde et possède les réponses à toutes les questions. Que te dit-il sur la situation ? Ferme les yeux et écris ce qui te vient.

Sens : Ce n'est pas ce que tu crois ; il y a autre chose à savoir ; voir au-delà des apparences ; se fier à son ressenti pour analyser les choses ; plus d'optimisme et de foi ; voir le monde avec amour ; quête de la vérité.

Clarté d'esprit et de cœur

Message : Tu avances avec beaucoup plus de fluidité et de détermination quand tu sais où tu vas. Cette période est propice pour faire le point sur tes intentions et la direction que tu prends. Que désires-tu vraiment ? Quel est ton but ? À quoi aspires-tu ? Voilà les questions que l'on t'invite à te poser. Ton âme connaît déjà la réponse, mais tu as besoin de faire descendre ce message dans ton esprit conscient. Ainsi, tu pourras être en alignement et retrouver la paix. Rester dans le flou te fait perdre de l'énergie. À la place, demande à voir clair sur la direction à prendre et cesse de penser. Tu sentiras l'élan naturel de ton cœur te pousser dans la direction la plus alignée. L'Univers te garantit qu'il n'y a aucun risque que tu te trompes ou que tu regrettes. De plus, en ayant un cap clair, tu manifestes dans ta vie les opportunités avec une plus grande rapidité. Ce que tu vibres, tu le reçois. L'Univers répond à tes intentions de la manière la plus bénéfique pour tous. Sois donc aussi ouvert à vivre les événements tels qu'ils te sont envoyés.

Rituels : Prends un temps pour revoir ta vision à moyen et long terme : quelles sont tes intentions pour l'année ? Que souhaites-tu créer dans cette vie ? Réunis quelques images et assemble-les pour te créer un tableau de visualisation inspirant.

Sens : Être clair sur ses désirs et ses intentions ; plus de détermination ; mettre de l'ordre dans ses idées ; passage à l'action ; les choses se préparent dans l'invisible ; exprimer clairement ses désirs.

Donner et recevoir

Message : L'énergie est faite pour circuler. Comme l'eau en mouvement, elle reste limpide, fraîche et pleine de vie. Quand elle est bloquée et stagnante, elle se met à croupir. L'énergie universelle te traverse à chaque instant. Laisse-la entrer en toi et te remplir, laisse-la s'écouler et irriguer le monde. Lorsque tu réalises que l'Univers te nourrit de son amour infini sans condition et sans limite de temps, alors tu ressens au plus profond de ton corps qu'il ne te manque plus rien. Accueille dans ta vie tous les cadeaux que la vie souhaite t'envoyer. Tu n'as pas besoin de mériter quoi que ce soit, simplement de t'autoriser à vivre ce qu'il y a de plus aligné pour toi. Donne sans attendre en retour. Le don n'est pas forcément celui qui « coûte ». Le véritable don est celui qui est fait avec le cœur, peu importe sa nature. Lorsque le don et le recevoir s'équilibrent, la rivière n'est jamais asséchée ni elle ne déborde. Elle s'écoule avec paix et naturel.

Rituel : Aujourd'hui, offre-toi un cadeau qui corresponde à ton besoin actuel, et offre aussi à quelqu'un un présent. Ces cadeaux peuvent être du temps, de l'aide, de l'argent, de l'écoute, des fleurs... Bref, ce que ton cœur te soufflera !

Sens : Donner avec joie (temps, énergie, argent, soutien, aide...) ; ne plus avoir peur de manquer ; illusion du manque ; autorise-toi à recevoir ; sens-toi digne de recevoir plus ; tu peux obtenir mieux ; l'abondance est déjà dans ta vie.

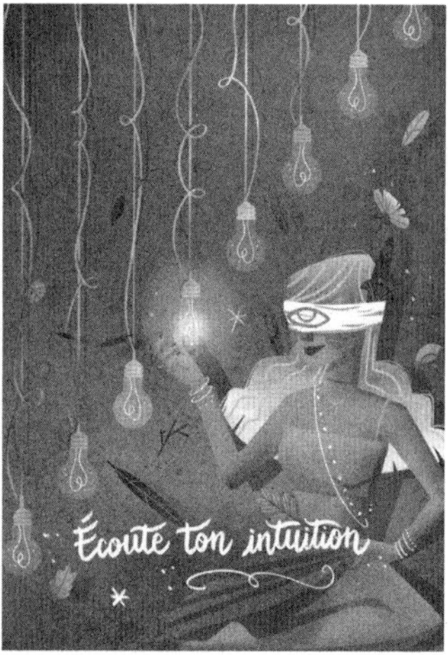

Écoute ton intuition

Message : Ton intuition connaît toutes les réponses et te les souffle au moment exact où tu en as besoin. C'est quand tu cesses de chercher avec ta tête et que tu commences à te laisser porter que tout s'éclaire. Fais le vide en toi plus souvent. Pour suivre sa guidance, va vers ce qui t'appelle même si cela ne semble pas logique ou rassurant. Fais confiance à la grande harmonie de l'Univers qui te traverse et prends soin de toi. Pense moins, ressens plus. Se poser trop de questions n'apporte pas davantage de réponses.

Rituel : Pose ta question sur papier. Ensuite, visualise qu'au-dessus de toi il existe un immense océan d'informations qui contient toutes les réponses et toutes les potentialités. Visualise ensuite que l'information exacte dont tu as besoin descend dans ton cœur. Lâche prise et sache que la réponse se manifestera clairement en toi.

Sens : Penser moins ; oser suivre son cœur ; laisser émerger la réponse ; timing divin ; développer son intuition ; recevoir les messages sous une forme inattendue ; ouverture du troisième œil ; clairaudience.

Émotions positives

Message : Tes émotions sont le catalyseur des rêves que tu veux manifester. Elles te connectent directement à la vibration adéquate. Les émotions comme la joie, la gratitude, l'émerveillement, l'amour, sont tes alliées pour transformer la situation. En ressentant dès maintenant dans ton cœur les émotions les plus positives, tu te détaches de la situation et tu intègres le message suivant : « Je suis maître de mon état intérieur en toute circonstance. » Tu peux capter les émotions des autres mais tu n'as pas besoin de les porter en toi. Elles ne t'appartiennent pas. Et rappelle-toi, même les émotions les plus violentes finissent par passer. Connecte-toi dès maintenant à ton soleil intérieur, et tu éclaireras ta vie.

Rituel : Quelles sont les émotions négatives qui te traversent en ce moment ? Quel est leur équivalent positif (exemple : la tristesse/ la joie) ? Pendant trois minutes, ferme les yeux et connecte-toi à la vibration de cette émotion. Imagine que tu la ressens, et tu la ressentiras. Laisse-la prendre place en toi. Elle te guidera vers un nouveau chemin.

Sens : Changer son état émotionnel ; reprendre le contrôle de ses émotions ; la solution est dans la transformation de son état intérieur ; le négatif se transformera en positif ; le ressenti est la clé de la manifestation des désirs ; cesser d'absorber les émotions négatives des autres.

Entoure-toi de beauté

Message : La beauté est une expérience qui engage ton être tout entier. Elle te nourrit, t'apaise, te transporte ailleurs, elle te reconnecte à l'instant présent et change ta vibration. Ne crois pas qu'il s'agisse là de quelque chose de superflu, car ton âme demande à se connecter avec la beauté qui est en toute chose. Elle ne réside pas uniquement dans ce que tu peux voir, car c'est une vibration qui sonne juste, une harmonie dans le ressenti. Une odeur, un goût, le confort d'un lieu ou la vibration solaire d'une personne... La beauté est multiforme. Elle réside dans le cœur de celui qui veut bien la voir. Tu es invité à accueillir dans ta vie ce que tu ressens comme beau dans tous les domaines. Tu y as droit, ce n'est pas réservé aux autres. Plonge-toi dedans et fais de ta vie une belle expérience. Il y a une leçon à tirer. La vraie beauté n'est pas celle des apparences, mais celle du cœur.

Rituel : Regarde autour de toi et concentre-toi sur un élément que tu trouves beau et qui t'inspire. Sans penser, observe simplement et ressens ce qui se passe en toi.

Sens : Visiter un beau lieu ; voir la beauté dans le cœur des autres et dans ce monde ; amour pour son corps ; art ; concert ; décoration intérieure ; s'émerveiller ; se connecter à la nature.

Envoie de l'amour

Message : Une situation révèle actuellement des blessures et des souffrances, elle a donc besoin d'être guérie. L'amour est la clé de la guérison sur tous les plans. Parfois, tu ne peux rien faire de plus que d'envoyer de l'amour à une personne ou un événement, et c'est déjà beaucoup. Tu as aussi besoin de t'envoyer de l'amour afin de venir panser les plaies ouvertes par les expériences douloureuses et les fausses croyances. Là où tu souffres, envoie de l'amour. Là où tu doutes, envoie de l'amour. Là où tu espères, envoie de l'amour. Les miracles arrivent quand tu laisses cette grande énergie universelle te traverser pour se diffuser sur Terre. Te connecter à la vibration de l'amour te permettra de transmuter cette situation. L'amour fait aussi partie de ta mission de vie. Tu es venu le répandre en étant toi-même, en acceptant et aimant les autres sans condition. Par la prière, les mots ou les actions, laisse l'amour porter ta vie.

Rituel : Quelle situation, événement ou partie de toi-même a besoin d'amour ou te semble bloquée en ce moment ? Fais une prière pour l'amélioration de la situation et envoie tout l'amour universel dans cette direction.

Sens : Apporter de l'amour là où il y a besoin ; prier ; guérir des plaies invisibles ; apprendre à s'aimer ; croire aux miracles ; être l'ambassadeur de l'amour ; mission de vie en cours ; chakra du cœur.

Fais le vide

Message : Familiarise-toi avec le vide et le silence. Déleste-toi de tout ce qui est trop lourd : objets, habitudes, pensées et peurs. Trouve ta sérénité dans la vacuité. Faire le vide crée de l'espace pour mieux accueillir les énergies nouvelles qui se préparent. En dépassant la peur du manque, tu réalises en réalité que tu es dans le plein en permanence et que tu reçois absolument tout au bon moment. Vide aussi tes pensées et toutes tes préoccupations, afin que tu puisses entrer en contact encore plus intensément avec le Divin, qui est ta meilleure guidance à chaque instant. Dans cet instant présent, tu cesses de t'identifier à ton mental et tes actions et tu retrouves ta véritable essence, qui est en mouvement permanent.

Rituel : Ferme les yeux et détends-toi. Imagine qu'autour de toi il n'y a que du vide. Puis imagine que, toi aussi, tu disparais pour te fondre avec cette immensité de non-existence. Ressens comme les limites disparaissent et comme tout s'apaise en toi au bout de quelques minutes.

Sens : Habitudes à changer ; période creuse bénéfique ; repos ; éloignement avec certaines personnes ; ne pas avoir peur du manque ; vider ses pensées ; revenir à l'instant présent ; méditer.

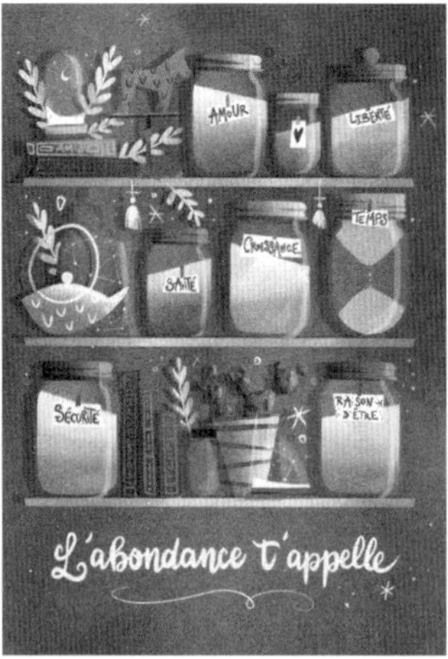

L'abondance t'appelle

Message : Excellente nouvelle ! Tu es prêt à t'ouvrir davantage et à recevoir toute l'abondance dans ta vie. Il y a un palier à passer pour atteindre les étoiles. Imagine-toi dès maintenant avec PLUS dans ta vie. Plus de succès, de santé, de joie, d'amour, de rires, d'argent... Redéfinis ta nouvelle identité avec des standards plus hauts. Il y a une partie de toi qui est réticente à recevoir plus d'abondance dans ta vie par peur. Peur de prendre aux autres, de ne pas mériter, de changer ce qui est déjà en place... Laisse ces croyances limitantes de côté. Et laisse la vie te combler. Il n'y a de limites que là où tu en mets. Mais l'Univers n'en a aucune et, en partant de ce constat, tu peux absolument tout manifester dans ta vie.

Désormais, tu as le droit à l'abondance positive dans tous les domaines de ta vie ! Alors attache ta ceinture et ouvre grand les bras, car les cadeaux arrivent.

Rituel : Choisis un domaine de ta vie dans lequel tu aimerais manifester davantage d'abondance. Fais la liste des expériences que tu désires créer dans ce domaine et les émotions que cela te ferait ressentir. Imagine-toi vivre ces réalités dès maintenant et réjouis-toi véritablement. Tu es déjà en train de les attirer dans ton champ d'énergie !

Sens : Opportunités et cadeaux de la vie qui arrivent ; s'autoriser à recevoir plus ; passer à un autre niveau de succès ; arrivée d'énergie dans ta vie ; dire oui ; sentir que l'on mérite ; voir l'abondance déjà présente dans la situation.

Lâche prise

Message : Ne laisse pas le besoin de contrôle ni l'inquiétude gérer ton état intérieur. Ce sont des vibrations qui ne te servent pas ni ne te connectent au Divin. Cette carte t'invite avec amour et réconfort à plus de confiance en la vie et en les autres. Il y a un Plan Divin qui œuvre avec justesse pour tous. Lorsque tu te reconnectes à cette vérité, alors toutes

tes résistances intérieures s'évaporent et tu retrouves une énergie spacieuse et pure. De plus, tu peux accueillir plus facilement la guidance pour que la situation évolue au mieux pour chacun.

Rituel : Sélectionne une situation qui génère résistance et frustration en toi, puis répète plusieurs fois (au moins 10) : « J'accepte cette situation telle qu'elle est maintenant. » Respire et observe le lâcher-prise grandir en toi.

Sens : Cesser le contrôle ; accepter une situation ; se faire confiance ; autrui est sur son chemin d'évolution ; ne pas se préoccuper ; leçon de confiance ; respiration ; justice équitable.

Liberté infinie

Message : Tu es né libre et tu resteras libre pour toujours. C'est ton droit divin et personne, ni aucune circonstance ne peut te l'ôter. Ton âme est aussi libre que l'air et tu as toujours le choix, même quand tu crois être contraint. Tu voles au-dessus de ce qui t'oppresse pour aller rejoindre de nouveaux sommets. Le monde tout entier t'ouvre les bras et tu peux décider d'aller où le cœur t'en dit. Tout est possible. Tu es le conducteur du train de ta vie, et ce pour l'éternité. Cultive ce ressenti en toi et répète-toi aussi souvent que possible : « Je suis libre en toute circonstance. » Respire très profondément et reprends ton pouvoir !

Rituel : Mets de la musique joyeuse et entraînante et danse pendant toute la durée du morceau avec liberté dans ton cœur et tes mouvements.

Sens : Sortir du sentiment d'obligation ; voyager ; liberté d'action et de penser ; prendre un chemin différent ; être original ; sortir de la prison intérieure ; séparation ; être indépendant ; retrouver sa liberté.

Médite

Message : Le Divin t'envoie une invitation personnelle pour le rejoindre. Comment t'y rendre ? En méditant. Aujourd'hui, pose-toi quelques instants dans le calme ou avec de la musique à haute vibration et laisse toutes tes pensées s'évaporer. Recentre-toi sur ton cœur et sur tes ressentis vibratoires. Tu as régulièrement besoin de faire le silence en toi.

La méditation est le meilleur moyen de te recentrer parmi le brouhaha énergétique qui t'entoure. Les réponses t'attendent par-delà du silence. Dans la méditation se trouve la clé de ta problématique actuelle et l'élévation de tes vibrations.

Rituel : Médite le temps dont tu as besoin avec une musique à haute fréquence (432 Hz, par exemple), ou effectue une méditation guidée (tu peux en trouver sur mon site ou ma chaîne YouTube gratuitement).

Sens : Besoin de calme ; s'éloigner des énergies confuses ; se connecter au Divin ; se recentrer ; faire une pause ; méditer avec une intention ; pleine conscience.

Même longueur d'onde

Message : Les vibrations de même fréquence s'attirent. Tu montes actuellement en conscience et en ouverture de cœur, ainsi ton taux vibratoire augmente également. Cela crée naturellement des changements dans tes envies, tes ressentis et ton monde extérieur. Il n'est pas nécessaire de forcer les choses pour qu'elles restent les mêmes. L'évolution de ton monde tel que tu le connais est en train de se faire pour correspondre davantage à ton énergie. Entoure-toi de personnes qui sont sur la même longueur d'onde que toi, c'est-à-dire au même niveau de conscience et de maturité, ou encore plus avancées. Dirige-toi vers des activités et des environnements qui résonnent en harmonie avec ta vibration. Tu en as besoin pour t'épanouir et l'Univers te soutient dans cette direction. Tu recevras bientôt les clés pour que tout se mette en place et que tu te sentes enfin dans ton élément. Pour cela, il faut que tu y croies et que tu acceptes que ta fréquence a changé. C'est une célébration !

Rituel : Appelle une personne avec qui tu te sens vraiment résonner et sur la même longueur d'onde pour prendre de ses nouvelles ou aller la voir.

Sens : Changement de vibration ; faire des choses qui sont alignées avec ta vibration ; nouvelles personnes qui te correspondent ; changement d'envies et d'activités ; tu attires ce que tu émets ; opportunités et expériences plus alignées qui se préparent.

Mets des mots sur ton ressenti

Message : Les mots te sont d'une grande aide actuellement car ils te permettent d'exprimer ce qu'il se passe à l'intérieur de toi et tu peux les partager. Commence par trouver les mots justes pour exprimer ce que tu ressens et ce que tu désires. Cela diminuera la confusion dans ton esprit et te donnera même sans doute des informations nouvelles. Tu as besoin de donner forme à cette vibration intérieure. C'est toute ton expression personnelle qui se joue. Dis les choses avec amour, clarté et authenticité. N'aie pas peur, tu es guidé dans cette voie.

Rituel : Choisis la situation qui te questionne actuellement et, par écrit, réponds à ces questions : « Comment je me sens dans cette situation ? », « Comment je désire me sentir ? », « Qu'est-ce que j'apprends dans cette situation ? » Termine par une prière de gratitude pour la situation. Sois confiant : tu es déjà en train d'ancrer cette nouvelle vibration en toi.

Sens : Dire les choses ; chakra de la gorge ; écrire ; succès dans l'expression ; se libérer par les mots ; oser s'ouvrir à l'autre ; besoin d'être écouté.

Mets ton mental en pause

Message : Il y a un temple à l'intérieur de toi où tes pensées n'existent plus. C'est un espace sacré dans lequel il n'y a que calme, sérénité et foi. Les préoccupations sont lointaines et la paix y règne. Va plus souvent dans ce lieu. Ton mental mériterait une pause car il crée plus de confusion dans ta tête qu'il ne t'aide vraiment. Change ton mode de fonctionnement et cesse de te préoccuper. Les choses vont évoluer positivement. L'inquiétude baisse ta vibration et ne te sert pas. À la place, autorise-toi à être spontané, imaginatif, contemplatif et innocent comme un enfant ! Tes ressentis intérieurs te guident toujours dans l'action juste.

Rituel : Imagine que tu es assis sous l'eau, tout au fond d'un lac. Visualise le sable autour de toi qui est trouble : ce sont tes pensées agitées. Puis observe ce sable tomber au fond de l'eau doucement. Tu sentiras ton mental se calmer au bout de quelques secondes.

Sens : Moins de pensées ; plus de vie et d'action ; lâcher-prise ; arrêter de ressasser ; besoin d'ancrage et de spontanéité ; clarté qui vient quand on cesse de trop penser ; écouter de la musique.

N'aie plus peur

Message : Nous avons tous peur parfois. Sortir de notre zone de confort, prendre des risques, un futur incertain ou des événements difficiles à gérer peuvent mettre au défi notre sérénité. Cette carte vient rassurer et calmer ces peurs. Tu peux te permettre de détendre ton esprit et tón corps. Aie confiance en l'Univers et remplace les vibrations de peur par des vibrations d'amour pour la vie. Aie conscience des pensées que tu as en ce moment et concentre-toi sur ta paix intérieure. Lorsque tu calmes suffisamment la peur, la juste guidance arrive. La peur n'est qu'une illusion d'une perception déformée de la réalité. Vois au-delà de cette perception, prends du recul et vois qu'il existe une autre façon de voir les choses.

Rituel : Choisis une situation ou une pensée qui t'effraie actuellement. Imagine que cette peur prend la forme d'un petit monstre ou d'un animal et envoie-lui de l'amour jusqu'à voir ce monstre se transformer et changer d'apparence ou d'attitude.

Sens : Avoir confiance ; être sans crainte ; sortir de sa zone de confort ; prendre des risques ; expérimenter de nouvelles choses ; paix intérieure ; sécurité ; aller de l'avant ; agir pour transmuter la peur.

Nourris ton âme

Message : Ne laisse pas ton âme affamée. Elle aussi a besoin de se nourrir de vie et de joie. Autrement, elle s'éteint et se fait silencieuse. L'Univers t'invite à pratiquer des activités qui vibrent dans ton cœur. Sans but, sans productivité, sans autre nécessité que de prendre soin de ton énergie intérieure. Tu as besoin de remettre du sens, de la profondeur, de l'amusement, à ton quotidien. Il n'y a pas d'égoïsme, car, en faisant cela, tu honores le sacré en toi et tu suis la voie de ton cœur. Rien n'est dû au hasard. Tes envies ne sont pas vaines, elles sont vitales à ce monde. Enfin, pose de la conscience sur ce qui occupe ton temps libre. Y a-t-il des choses plus vibrantes que tu pourrais faire à la place ?

Rituel : Connecte-toi à ton cœur et pose-toi la question suivante : « Qu'est-ce qui nourrit profondément mon âme en ce moment ? » et laisse venir la réponse. Sois sûr de te réserver un moment pour le faire.

Sens : Faire des activités rien que pour soi ; revoir sa façon de passer son temps ; retrouver du sens ; se ressourcer ; retrouver l'inspiration ; s'amuser ; reconnexion avec son enfant intérieur ; nouveaux hobbies plus vibrants.

Ouverture du cœur

Message : Ouvre ton cœur à l'amour, à la vie, à la joie, à la compassion, à la paix. L'infinie énergie de l'Univers souhaite traverser ton cœur pour répondre à tes besoins et te porter vers de nouveaux rivages. Ouvrir son cœur signifie autoriser l'amour à dépasser les frontières de l'esprit et à embrasser le grand Tout. Tu es capable d'aimer et d'être aimé. N'aie pas peur d'accueillir l'amour que la vie t'envoie sous toutes ses formes. Fais tomber ta carapace, tu n'as pas besoin de te protéger comme tu le crois. Remplace l'amertume et la colère par de la lumière. L'amour est partout autour de toi et il fait des miracles.

Rituel : Mets tes mains sur ton cœur et concentre-toi pendant une minute environ sur tout l'amour que tu as à donner. Puis concentre-toi pendant une minute sur tout l'amour que tu es capable de recevoir. Sens ton chakra du cœur s'ouvrir.

Sens : Pardonner ; aimer et être aimé ; nouvel amour ; compassion ; miracles ; libération des vieilles émotions négatives ; ouverture du chakra du cœur ; connexion spirituelle.

Passe à l'action

Message : Ça y est, tu es prêt, tu as assez pensé, préparé, tourné en rond. Il est temps d'agir, de laisser cette énergie qui te traverse se concrétiser dans la matière. Tu n'as pas besoin de réfléchir encore, simplement de commencer dès aujourd'hui à mettre en place une chose. Avec les moyens que tu as actuellement à ta disposition, sois sûr que l'Univers répondra à tes besoins et te guidera dans la mise en œuvre. La clarté vient une fois dans l'action et pas dans le ressassement des pensées. C'est en faisant que tu avanceras et que l'énergie circulera de nouveau. N'essaye pas de tout comprendre et d'avoir toutes les garanties avant d'agir. Ton intuition fonctionne quand tu y mets de la foi. Libère ton énergie masculine !

Rituel : Prends trois grandes respirations profondes pour te recentrer. Écris sur une feuille : « Je me sens de faire dès maintenant… » et, sans réfléchir, écris tout ce qui te vient. N'essaie pas d'analyser mais laisse-toi porter. Puis, dans ce que tu as écrit, observe comment tu te sens. Et fonce dans cette direction ! Car c'est ton âme qui vient de te parler.

Sens : Moins de pensées et plus d'actions ; savoir ce qu'on a à faire ; concrétisation des idées ; commencer un projet ; toutes les ressources sont données ; libérer son énergie masculine ; avoir foi que tout s'éclaircira en route.

Pratique la gratitude

Message : Change de regard et vois toutes les richesses dont ta vie est remplie. Chaque jour est un immense cadeau empli de bénédictions. Ton mental préfère voir ce qui te manque et ce qui ne va pas, mais ton âme s'émerveille de chaque expérience. Ne laisse pas ton mental parler trop fort. Emplis ton cœur de gratitude pour ce qui est et ce qui n'est pas. Plus tu laisses ce sentiment vibrer dans toutes les cellules de ton être, plus la vie te répondra avec grâce et prospérité. Les vibrations que tu émets te reviennent démultipliées. L'Univers cherche à te montrer tout ce que tu gagnes dans cette situation. Chaque épreuve est véritablement dépassée quand tu es capable de ressentir de la gratitude envers elle. Bientôt, tu comprendras pourquoi tu dois dire merci à ce que tu vis en ce moment.

Rituel : Connecte-toi à une seule chose pour laquelle tu as une immense gratitude actuellement. Ressens ce sentiment lumineux partir de ton cœur et inonder tout ton corps. Puis connecte-toi à une chose qui crée de la résistance en toi et cultive la gratitude à l'égard de cette situation.

Sens : Voir les enseignements de la situation et ce que l'on y gagne ; s'émerveiller ; dire merci ; transformer les épreuves ; prospérité ; les événements ont un sens ; changer ses perceptions ; cesser de penser à ce qui ne va pas.

Pratique spirituelle

Message : Tu es venu sur Terre pour grandir spirituellement à travers les choix et les expériences de ta vie. Garder une pratique spirituelle régulière te permet de voir les choses avec du recul, de te souvenir de tes valeurs, de percevoir les apprentissages dans chaque situation. Il est important de voir au-delà des perceptions physiques et terre à terre.

Actuellement, tu es appelé à développer davantage ta pratique spirituelle et tes capacités subtiles et intuitives.

Prie, médite ou allume une bougie sur ton autel avec l'intention de te connecter avec le Divin. Si tu en ressens l'appel, suis un enseignement ou une formation. Tu fais partie de ces âmes qui sont venues faire grandir la spiritualité sur Terre et incarner des énergies plus hautes. Rappelle-toi, tu intensifies l'amour dans ton cœur et dans l'Univers tout entier chaque fois que tu te relies à la Source.

Rituel : Crée-toi une courte routine du matin ou du soir avec tes pratiques spirituelles préférées afin de retrouver une régularité dans ta connexion au Divin.

Sens : Remettre du spirituel dans sa vie ; prendre une voie spirituelle ; prier et parler au Divin ; ne pas être trop préoccupé par la matière et les questions terrestres ; expérimenter de nouvelles choses ; élévation spirituelle importante.

Prends soin de ton corps

Message : Remonte les vibrations de ton corps. C'est ton enveloppe de matière pendant cette incarnation et il te sert merveilleusement. Il capte toutes les vibrations environnantes et te guide. Il te donne des réponses que ton mental a du mal à accepter et à voir. Il ne te trompe jamais. En chacune de tes cellules est contenue la mémoire entière de ton âme.

L'immobilité, le rejet de ton corps et les mots et actions négatives envers lui te coupent de ta divinité et de ton plein pouvoir. Offre à ton véhicule terrestre un temps d'amour et de douceur, des mots bienveillants, une alimentation plus vibrante, des mouvements pour faire circuler toute l'énergie qui est en toi. Il le mérite.

Rituel : Concentre-toi sur ton corps et sens que tu l'habites pleinement. Calme tes pensées et ressens la force vitale en toi : ton cœur qui bat, le sang qui coule dans tes veines, l'air qui entre dans tes poumons... Fais-toi enfin un câlin et remercie ton corps de tout le travail qu'il effectue pour toi.

Sens : La réponse est encodée dans le corps ; temps pour le bien-être du corps ; purification ; alimentation vibrante ; mouvements ; ton corps te signale quelque chose ; capter les messages intuitifs par ressentis physiques.

Relations à haute fréquence

Message : Tu es un être vibrant et lumineux et tu as besoin de t'entourer de personnes tout aussi belles. L'Univers t'envoie la relation qui résonne avec ton âme, alors cesse d'alimenter des pensées négatives sur les autres et toi-même. Les personnes qui t'entourent jouent un grand rôle dans ton équilibre énergétique et participent aussi à ton évolution personnelle. Libère-toi de tes doutes et de tes craintes. Pose ton armure. Tu ne peux pas être blessé quand tu es dans l'amour et l'acceptation. Sois déterminé à manifester des êtres qui vibrent sur une haute fréquence afin que tu puisses être accompagné pendant ce grand voyage qu'est la vie. L'Univers met sur ta route la ou les personnes qui t'enseignent, te permettent de grandir et d'aimer toujours plus.

Rituel : Fais une liste de cinq valeurs que tu recherches dans les relations. Puis imagine que des personnes qui sont sur cette haute vibration se rapprochent chaque jour un peu plus de ton champ d'énergie, jusqu'à votre rencontre. Et réjouis-toi !

Sens : Changement de relations ; arrivée d'une nouvelle relation plus harmonieuse ; leçon à comprendre de quelqu'un ; faire grandir l'amour des autres ; enseignant spirituel ; accepter le renouveau dans les relations ; renouveau dans les amis et/ou amours.

Remise à zéro

Message : Pose les choses à plat et repars du bon pied. Ce n'est pas une fin mais un nouveau départ qui s'ouvre à toi, alors réjouis-toi ! De nouvelles énergies s'infusent dans ton être pour t'ouvrir de nouvelles portes. Remets les compteurs à zéro et laisse le passé derrière toi. La vie t'invite à changer l'histoire que tu t'es racontée jusqu'à maintenant et à te créer une nouvelle identité. Tu n'es pas conditionné par ce que tu as vécu. Ce sont tes pensées et ton ressenti de l'instant présent qui déterminent ton futur. Une page blanche attend que tu y écrives les lignes de demain.

Rituel : Prends une feuille blanche et divise-la en deux. Sur la gauche, écris ce qui correspond à ton passé et dont tu souhaites te libérer. Sur la droite, écris tes valeurs, tes projets et ce que tu désires vivre dans ce nouveau chapitre de ta vie. Découpe la page en deux et jette la partie concernant le passé !

Sens : Lâcher-prise du passé ; nouvelle opportunité ; nouvelle identité ; passage d'une étape cruciale ; changement vibratoire ; faire le bilan ; écrire le futur.

Retrouve le sens

Message : Tu as besoin de savoir pourquoi tu fais les choses pour avancer. Connecte-toi au sens que tu désires donner à ta vie, à ton projet, à ta relation. Que cherches-tu véritablement ? Lorsque tu retrouves le sens de ta vie, tout devient simple et fluide. L'harmonie est retrouvée. Soit tu as perdu de vue la raison pour laquelle tu t'es engagé dans cette voie, soit cette raison n'est plus valable actuellement. Tu as donc besoin d'être au clair sur tes valeurs et ce que tu désires profondément créer. Les valeurs de ton cœur porteront tout projet ou désir vers sa concrétisation parfaite.

Rituel : Réponds à la question suivante par écrit : « Quel sens est-ce que je désire donner à ma vie (ou à mon projet, ma relation) ? » Ne pense pas trop, laisse simplement les idées couler sur le papier. Puis laisse venir à toi la première action ou guidance pour retrouver ce sens.

Sens : Perte de sens ; valeurs différentes ; retrouver la motivation ; se reconnecter aux raisons et aux besoins ; besoin d'un plan pour avancer ; réapprendre à s'écouter ; revenir à l'essentiel.

Réveille ton potentiel

Message : Tu as en toi un potentiel immense que tu peux utiliser encore davantage. Tu as des capacités et des talents uniques. Le message que l'Univers te souffle est celui-ci : « Va puiser dans ce potentiel qui sommeille en toi pour avancer. » Vois plus grand et plus loin. « Potentiel » vient du mot latin signifiant « puissance ». C'est cette puissance que tu peux réveiller pour tout accomplir : les défis extérieurs comme intérieurs. Ton potentiel recèle de grands accomplissements qui n'ont pas encore vu le jour mais dont tu es capable. Laisse-les émerger.

Rituel : Pendant trente secondes, visualise au niveau de ton chakra du plexus solaire (trois doigts au-dessus du nombril) un feu sacré orange. C'est le feu de ta puissance intérieure, qui se réveillera.

Sens : Voir plus grand pour ses projets et ambitions ; puissance intérieure ; défi à relever ; libérer son énergie ; oser ; agir avec passion ; visualiser le succès.

Sois au service

Message : Servir le monde, c'est servir sa joie. La vie t'invite à te mettre au service d'une conscience plus grande que toi. Les valeurs qui sont dans ton cœur, le monde de demain que tu as envie de voir, les idéaux que tu portes en toi, voilà ce qui doit t'animer. N'aie pas de crainte d'avenir car lorsque tu mets ton énergie au profit d'un but universel, cette énergie te revient démultipliée. En donnant de toi avec générosité, tu te remplis. L'Univers t'encourage à abandonner tes peurs pour créer et donner. Être au service ne signifie pas que tu dois t'oublier et nier tes besoins. Tes limites sont importantes aussi, et, en les respectant, tu honores également ta propre importance.

Rituel : Aujourd'hui, sers le monde avec ton cœur : apporte ton aide dès que tu le peux, soutiens quelqu'un qui en a besoin, agis avec générosité juste pour la joie du don.

Sens : Générosité ; agir avec le cœur ; lâcher les attentes ; projet caritatif ; projet de contribution à l'humanité ; apporter son soutien ; retour à la simplicité ; joie du don.

Souhaite-toi le meilleur

Message : Tu mérites ce qu'il y a de mieux et de parfait pour toi, parce que tu es un enfant du Divin. Il n'y a que tes perceptions limitantes ou tes croyances sur ta valeur qui t'empêchent de le manifester. Lâche-les et commence à voir pour toi un avenir lumineux et abondant.

Ose reprendre ta place aux commandes de ta vie en te donnant l'autorisation de vivre ce qu'il y a de plus beau. Tu peux toucher les étoiles. Ce n'est pas parce que tu as connu des difficultés par le passé ou qu'elles doivent se répéter. Aujourd'hui, seule ta décision de changer d'énergie peut enclencher ce renouveau et débloquer toutes les situations que tu désires.

Rituel : Réfléchis un instant : dans quel domaine de ta vie as-tu du mal à imaginer une meilleure situation ? Puis utilise le mantra suivant : « Je m'autorise à vivre [la situation] à la plus haute fréquence vibratoire possible. » Répète ce mantra, écris-le, visualise-le et, surtout, ressens-le !

Sens : Croyances limitantes ; se donner le droit au bonheur ; schémas répétitifs du passé ; karma familial ; retrouver sa valeur ; montée vibratoire en cours ; libération de son potentiel ; dépasser ses limites mentales.

Souris à la vie

Message : Quelle joie que d'être en vie ! La vie t'aime et œuvre pour toi, jamais contre toi. Aime la vie et toutes les expériences qu'elle t'offre. Comme un grand terrain de jeu, tu peux tout créer. Ton enfant intérieur est heureux et curieux, il désire s'amuser et découvrir le monde. Cette carte est un message d'amour de la vie qui t'invite à danser avec elle. Quand tu suis son flot, elle te guide sans effort vers la manifestation de tes rêves et vers la sérénité. Ose lui faire confiance, ose garder ton optimisme en toute circonstance et rire des obstacles, qui ne sont que des farces de la vie pour te faire grandir.

Rituel : Aujourd'hui, célèbre le bonheur d'exister à ta façon ! En portant un toast, en t'offrant des fleurs, en faisant une prière, en chanson ou en dessin...

Sens : Rester optimiste ; voir le bon côté des choses ; garder son âme d'enfant ; découvrir le monde ; pensées positives ; agir par joie et non par peur ; agir sans effort ; sourire.

Sous la lumière

Message : C'est ton heure de gloire ! N'aie pas peur d'être vu et reconnu, de mettre en avant ta lumière et tes talents. Tu es prêt à montrer au monde toute la beauté et la grandeur de ton âme. Ne laisse pas ton mental ou des personnes extérieures te faire croire le contraire et prends confiance en toi. C'est le moment de briller, pour le bien de tous et l'avancée du monde.

Le mental te fera croire qu'il te manque encore mille choses, que tu n'es pas prêt ou légitime. Tout cela est faux. Tu as tout en toi et tu peux dès maintenant aller de l'avant et te révéler au monde. C'est même plus qu'une invitation, c'est un devoir !

Rituel : Choisis un exploit ou un objectif que tu aimerais réaliser et qui te rendrait extrêmement fier de toi. Imagine-toi avoir réalisé cet exploit et laisse-toi envahir par les sentiments de joie et de fierté pendant quelques minutes. Puis pose une action qui te rapproche de sa concrétisation !

Sens : Moment de vérité ; opportunité de briller ; passage sur scène ; être reconnu pour ses talents ; récompenses et succès ; prendre confiance en ses capacités à changer le monde.

Sur le bon chemin

Message : Tu es exactement là où tu dois être. Tu as fait les bons choix, n'en doute pas. Ton expérience est loin d'être terminée et de nombreuses surprises sont encore à venir. Tu peux te réjouir de tout ce que tu vas découvrir, apprendre, ressentir et voir. Il est très facile d'être sur le bon chemin, il suffit de faire ce que tu ressens juste au moment où tu le ressens.

Le bon chemin est simplement celui du cœur. Cela veut dire que tu es autorisé à faire des erreurs, à évoluer à ton rythme. Personne ne te juge. Là-haut, ton équipe de lumière est fière de toi et t'applaudit pour le chemin parcouru.

Rituel : Trouve trois choses qui, actuellement dans ta vie, te semblent parfaitement alignées. Quelle action peux-tu poser pour célébrer et maintenir ces éléments dans ta vie ?

Sens : Voir le chemin parcouru ; confirmation ; félicitations ; écouter son cœur ; avancer pas à pas ; prendre des initiatives ; ne pas abandonner ; de belles choses en perspective ; continuer à y croire.

Va dans un environnement rayonnant

Message : L'environnement dans lequel tu es n'est sans doute plus totalement aligné à ta vibration. Tu as besoin d'être entouré de hautes fréquences. Lieu de travail, de vie, environnement relationnel ou voyage, l'Univers t'invite à entrer en mouvement et à marcher dans la direction d'un nouvel environnement. Sois bien au clair sur ce que tu désires y trouver. Contrairement à ce que tu crois, tu n'es pas contraint de rester au même endroit et tu es libre de migrer vers de nouveaux horizons. Lorsque tu es prêt dans ton esprit, alors les portes s'ouvrent. Tu dois aussi être au bon endroit pour pouvoir réaliser au mieux ta mission de vie, car tu participes à la guérison et à l'élévation du monde. Il y a un alignement de ton environnement et de ton âme.

Rituel : Aujourd'hui, va dans un lieu que tu aimes et qui vibre haut. Là-bas, installe-toi et écris les caractéristiques de l'environnement que tu désires manifester dans ta vie et pose tes intentions avec gratitude. Si tu ne peux pas y aller physiquement, vas-y avec ton esprit !

Sens : Changement de travail, de service ou de mission ; déménagement ; changement d'entourage ; voyage initiatique ; lieu adapté à la réalisation de ta mission ; avoir de la clarté sur ta destination.

Visualisation créatrice

Message : En toi, tu as un véritable studio de cinéma qui te permet de créer et de visualiser tous les films dont tu rêves. Quels sont les scénarios incroyables et magiques que tu as envie de réaliser ? Ouvre grand les portes de ton cinéma intérieur. Il y a de la magie dans l'air et des manifestations qui sont sur le point de se concrétiser. La visualisation te permet de te plonger dans une réalité et une vibration différentes. Familiarise-toi avec cette réalité que tu désires et ressens à l'intérieur de toi que c'est possible, normal, et que c'est déjà dans ta vie. Plonge-toi dans cet autre monde. Ce n'est pas parce que tu vis une expérience dans le présent que ce sera toujours le cas. Connecte-toi au futur que tu souhaites pour toi, et imagine-le en détail. Il est déjà en chemin.

Rituel : Choisis une expérience que ton âme rêve de vivre. Ferme les yeux, installe-toi dans ton cinéma intérieur et imagine autant que possible cette réalité dans les moindres détails.

Sens : Voir autre chose pour soi ; oser rêver ; visualiser ses désirs ; ce que tu imagines est sur le point de se manifester ; chakra du troisième œil ; développer sa clairvoyance ; visions et rêves nocturnes.

À propos de l'auteure

Jenna Blossoms partage et enseigne sur les thèmes du développement personnel et spirituel. Elle est notamment connue pour ses méditations guidées visionnées des millions de fois. Ses vidéos, ateliers en ligne et événements nous inspirent à nous reconnecter à notre âme, à suivre notre chemin de vie, à ouvrir notre intuition et à élever nos vibrations.

Elle est l'auteure de *Trouvez et réalisez votre mission de vie !*, *Changez de vibration, changez de vie !* et du *Petit Oracle de la mission de vie*, parus aux Éditions Exergue et Contre-Dires.

JennaBlossoms
@jenna.blossoms

À propos de l'illustratrice

Clémentine Rocheron est une illustratrice qui communique ses idées de manière inventive, poétique et originale pour mettre en lumière des projets qui lui tiennent à cœur. Elle illustre de nombreux ouvrages dans les domaines de l'édition jeunesse, du développement personnel, du voyage, mais aussi dans la cosmétique naturelle. Après plusieurs années de collaboration à Shanghai, elle raconte aujourd'hui son univers par l'image pour faire passer des messages d'amour, de passion et de fantaisie.

Son portfolio : clementinerocheron.com

@hiclementine_

Clémentine Rocheron

Notes

Notes

Notes

Notes

Notes